Oui-Oui

et les clowns

ClassicMedia™

PAPIER À BASE DE
FIBRES CERTIFIÉES

hachette s'engage pour
l'environnement en réduisant
l'empreinte carbone de ses livres.
Celle de cet exemplaire est de :
150 g éq. CO$_2$
Rendez-vous sur
www.hachette-durable.fr

OUI-OUI ET LES CLOWNS Texte et illustrations.
© 2014 Classic Media Distribution Limited. Tous droits réservés.
Oui-Oui™ © 2014 Hachette Livre.
Adaptation française : Anne Marchand Kalicky
Édité par Hachette Livre – 43 quai de Grenelle, 75905 Paris Cedex 15
ISBN : 978-2-01-227598-0 - Édition 01. Dépôt légal : janvier 2014
Loi n°49-956 du 16 juillet 1949 sur les publications destinées à la jeunesse.
Achevé d'imprimer en Espagne en Décembre 2013 par Orymu.

Oui-Oui™

et les clowns

hachette
JEUNESSE

Par cette belle journée, Oui-Oui
est le premier levé.
– Youpi ! s'écrie-t-il en glissant
sur son toboggan.
Il se lave, s'habille et se brosse les dents
avant de monter dans son taxi vrombissant.

Le pantin a donné rendez-vous aux quillons.

– Les amis, fermez les yeux, j'ai un petit

cadeau. Voici le duo des clowns rigolos.

Les quillons n'en reviennent pas !

Ils crient et sautent de joie.

– Bonjour les quillons !

Moi c'est Zac et lui Zigotton.

Nous allons vous apprendre des tours

de magie et plein d'acrobaties.

Prêts à devenir des clowns, vous aussi ?

– Oh ouiiii ! répondent les amis.

Avec leurs nez rouges, leurs chapeaux
et leurs larges salopettes,
les deux clowns font de drôles
de numéros ! Ils jonglent avec des seaux
et se renversent de l'eau sur la tête !

Puis ils font apparaître un ballon.

– Qui peut l'attraper ? demande Zigotton.

Abracadabra ! Zac fait aussitôt sortir

un mouchoir de sa manche.

Ils déclenchent un tonnerre

d'applaudissements. Quel talent !

Spectacle de claquettes, pirouettes
et galipettes… Rien ne manque à la fête.
Les quillons imitent les deux farceurs.
C'est tellement amusant qu'ils sont
rejoints par les passants.

Puis c'est le numéro final :

celui de la pyramide infernale.

Allez, les équilibristes, tous en piste !

– Mesdames et messieurs, encouragez

les quillons ! s'écrie le clown Zigotton.

Oui-Oui tape dans ses mains.

Il est impressionné : les petits quillons
sont vraiment très doués.

Mais ils rient tellement que Boum ! Patatras !

La pyramide s'est écroulée !

Quelle folle journée ! Il est temps de saluer le public et de rejoindre le cirque.

– Nous reviendrons bientôt, c'est promis !
Pour remercier Oui-Oui, les quillons
lui ont fait un joli dessin.

– Bravo, les artistes ! s'écrie le petit pantin.

Retrouve tous les titres

Oui-Oui et la fête de la musique

Oui-Oui et les lutins

Oui-Oui et le train de Miniville

Oui-Oui et le spectacle de cirque

Oui-Oui et les pirates

Oui-Oui fête l'anniversaire de Whiz

Oui-Oui et la chasse aux lutins

Oui-Oui joue à cache-cache

Oui-Oui et le concours de cuisine

Oui-Oui et la course de voitures

Oui-Oui et la fête des fées

Oui-Oui fait des bêtises

de cette collection !

Mes premières histoires
Oui-Oui et le tour de magie

Mes premières histoires
Oui-Oui jardine

Mes premières histoires
Oui-Oui et les sirènes

Mes premières histoires
Oui-Oui et son petit taxi

Mes premières histoires
Oui-Oui part en vacances

Mes premières histoires
Oui-Oui et la fête des mamans

Mes premières histoires
Oui-Oui fête Noël

Mes premières histoires
Oui-Oui construit une maison

Mes premières histoires
Oui-Oui joue dans le jardin

Mes premières histoires
Oui-Oui joue au football

Mes premières histoires
Oui-Oui pique-nique

Mes premières histoires
Oui-Oui et la fête de Miniville